子らへの遺言

ある初老の言い残しておきたかったこと

晴 吉次朗

文芸社

目次

まえがき……7
遺伝子の話……10
見た目と本質……14
ぼろを着てても心は錦……18
自然な生き方、本能と規制……20
自由の論議……23
心臓の話……26
知恵は過ぎると狡猾になる……28
自分の好きなものの発見…仕事…幸せとは……32

飲む・打つ・買う……38
破鍋に綴蓋……47
愛玩動物と人……49
何々のようで、実は何々……53
人の話を聞くこと……56
娘と父親……60
時間と存在〜哲学……67
芸術と笑い〜わかる人とわからない人……76
空　論……78
肯定の世界……93

神の存在……100
アイデンティティーとリスペクト……104
あとがき……112

まえがき

昨年（二〇〇二年）秋、私の友人K氏が五十代前半で逝ってしまった。生前は大変親しく交誼を重ねてきたものである。彼と私は学生時代から社会人になってからも、営業の苦い、まずい酒よりお互い一緒に飲むには一番の相手だった。それは友人ながら、幼少の境遇が似ている所為もあった。彼は幼少より養父母に育てられ、大変愛され慈愛深く育てられる。何不自由なく育てられたように見られるが、心のどこかに寂しさを持った男だった。楽しい奴で、常に相手を思いやる奴だった。そこには他人にはわからない、彼自身の暗い影があったのかもしれない。

社会人になり、二十代、三十代と華々しく経済人、実業家として活躍する。しかし三十代後半、挫折が待っていた。バブル崩壊の波を彼はまともに受けた。慈愛深い養父母の実家の家業も閉鎖に追い込まれる。彼の取り巻きの態度も一変する。家族ともここで別れなければならなくなり、独居を余儀なくされる。彼が本当の彼になったのは四十過ぎだったように思われる。

しかし、彼のやさしさは以前と変わりなく、無一文になっても人間性はより一層澄んでいったかもしれない。彼との友情は変わらなく続き、彼の身の回りが一段落した矢先の急逝だった。

彼には、残した遺児が三人居り、彼も大いに心残りのことであったろう。彼がまだ幼く、若い彼らに伝えたかったこと。それを聞き、言い伝えて、まとめたものがこの本である。彼らがいつか、K氏の想っていたこと、言いたかったことをわかってもらえたら幸甚（こうじん）に思う。彼と彼のご家族の了承に基づき出版されたことをここに確認し、冥福を祈る。合掌。

著者

遺伝子の話

君も知っていようが、私は双子で一卵性だ。しかし、生後二十一日目に生家を片方、私だけ離れ、別々に成長した。その違いを君もよく認識しているだろう。どちらの優劣を言うのではない。

一卵性双生児は、一つの卵子が、普通より一回分、分裂が多いといわれている。遺伝子は、極力、類似しているのだ。同じ環境で育てば、それなりに類似する。それでも違いは存在する。さらに、育った環境が違えばさらに違った人格形成がなされる。これは遺伝子が環境によって大きく影響を受け、変化していくことを端的に示している。一つの遺伝子を取り巻く環境、教育・育成・自然あらゆる環境条件にかかわってくるということだ。双生児にかかわらず人は、その後の環境条件で違う人間になり得るということである。その条件が他動的であろうと自動的なものであろうと、その変化に応じて、対応が変化する。

教育の重要なことは、この人格形成に付与する条件として、適正でなければならないことだ。自己確立の過程において、自己責任、自己選択を獲得することの助けを教育は受け持たなければならない。人によっては、学校教育に頼らず、社会的制裁等、社会教育として学ぶ人もいる（後述、アイデンティティーの項で詳しく述べるが)。

一人の大人になる、社会人になるということは、他動的に動いていく社会において、自己責任、自己選択を持ちながら、主体的に生きていける人をいうからだ。

そして遺伝子を含む脳は、約百四十億の神経細胞があるという。これらをすべて使いこなした人間は皆無という。全部は使えなくとも、今よりは少し多めに使えればよいのだ。

それには環境を整え、自分で努力すればいいのだ。そこに主体性が重要になってくる。あくまで、受け身、受動的より自らが考え行動する、主体性、自動的行動が頭の回転を良くさせ、生存レベルにおいて遺伝子を効率よいものにするだろう。ここでも自らによって、環境を変え、意識を変えることによって、人生そのものを違ったものにする可能性を見るのである。

見た目と本質

その人の姿、形、着ているもの、着方でその人がわかるという。履歴書で学歴を見れば、その人がおおよそわかるという。本当だろうか。ここにも二面性がある。一つには確かに、作業着を着ている人を見れば、何か現場関係の人かと理解することはできる。スーツに議員バッジでも付けていれば、どこかの政治家かと想像するだろう。だからといって、その人が、どんな人かはわからない。

育ちの良さが、着付けセンスに表れることもある。が、詐欺師は、見た目から入る。「馬子にも衣装」で、人は着るものでその印象が変わる。問題はその人の本質を、その見た目がどの程度反映しているかだ。同じ格好をしても内面が滲み出て、美醜を表すかもしれない。また、見るほうの眼力で、判断が違ってくることもある。

第一印象で、人のおおよそがわかるときもある。反対に、付き合っていくうちに第一印象と違ってだんだんよくなるときや、また逆に悪くなる場合もある。一目惚れはどっちだろう。幸運にも一生続いたら、スタンディング・オベーション（立ち上がって拍手喝采すること）。

見た目で判断して、正しければよいが、間違うときが問題だ。

やはり、人を見た目で判断しては駄目だ。百人いたら百人の、人にはわからない人生があるからだ。それほど、人の人生は奥深い。生半可な知識、経験で、人の人生は語れない。やさしい顔、温和な人の人生の過去に、壮絶で悲惨な経験があるやもしれない。毅然として男気のある人が、実はナイーブで、女性的内面を持っていることがある。

与える側、与えられる側双方にとって第一印象は大切である。

与えられる側として注意しておきたい点は、表面的な事象で物事をとらえず、常に複眼的視点を持ち、こちらは開かれた心、オープンな心構えを持っているべきだ。

その人の見えない部分への配慮、それがリスペクト（尊重・尊敬・認め合い・敬愛）につながる。開かれた心、オープンな心構えは、できるだけ先入観を捨て、こちらにとって、いい情報も悪い情報も受け止める、受け入れる心構えだ。こちらが開かれた心を持つことで、正しい情報の取捨選択ができやすくなる。

「人は見かけによらない」のだ。どこまでもリスペクトを忘れずに。

ぼろを着てても心は錦

プライドとも関連する。自分をきちんと持っていれば、他人が何を言おうと関係ないのだ。こういうと、自分勝手だ、わがままだという人がいる。もちろん、人は社会的動物で人間関係の中で生きている。故に、世間や人、周りに配慮して生きていくべきだ。

それは当然なのだが、世間や周りに配慮することが行き過ぎ、世間や他人の価値観で自分の生き方を抑制し、行き詰まってしまう危険性を憂慮するのだ。人間関係、周りを配慮して生きながらも、基本は、自分が主体的に自分の意思で、自己責任（非難、制裁も甘んじて受ける覚悟）、自己選択を持ったうえで、生きることを強調したいための言い方なのだ。そのとき、ぼろを着てても心は錦、見た目ではなく、重要なのは本質である自分に自尊心、プライドを持ち、自己責任でかけがえのない、たった一つの自分の人生を生きよ、ということになる。

何度も言うが、周りと協調していくのは当然だ。が、自分を見失ってはいけない。生かされている自分を自覚しつつ、主体的な自分を発見し続けることの重要性をわかってほしい。

自然な生き方、本能と規制

人は社会的動物である。と同時に、自然の中で自然と共生すべき存在だ。人が自然を征服できるなんて、チャンチャラおかしくて、屁も出ない。初手から無理なのだ。これを自明の理という。それでも科学技術や何やらで自然を何とかできると思っている人は、やっぱり能天気。人には限界というものがあることをわかってない人としか言いようがない。

人間も動物だから、本能がある。生存に対する執着、子孫残存への執着。

一方、人は思考の能力を持った。理性とも言う。そこがほかの動物と違うという。確かに違うけど、動物として同じ面もある。

人は本能のままやりたい放題かといえば、それは違う。本能を持ちつつ、頭脳からの欲望、またそれを抑制する思考、理性を駆使して生きていく。

人は本能、人としての欲望、思考としての理性をミックスして行動する。それはワンパターンでなくて、千差万別。

　セックスなぞは、生殖の代償として神が与えてくれた快楽付きのもの。快楽付きじゃなかったら子孫繁栄しないからか。人は、頭脳を使って、快楽だけ分離もできた。それでもいいじゃあないか。これも自然の中の人間の悲しい性（さが）かもしれない。

人は社会的動物であり、頭脳を持った人間が、そう作ってくれた自然の中で生きていくには、愚かさや限界を知ったうえで、「ありのまま」を受け入れて生きていくしか、ないのじゃないか。自然な生き方とは、本能のまま生きることではない。頭脳から出る欲望のままの生き方でもない。理性だけの生き方も不自然だ。ならば、三位一体（本能、欲望、理性）の中で、人として自分の意思を確認しつつ、自分のありのままを生きていく。自然な生き方。どうだろう。

自由の論議

自由。字義から言えば「自らに、由る」。辞典（明解国語辞典・三省堂）に拠れば、『自由』（他から制限や束縛を受けず、自分の意思・感情に従って行動する（出来る）こと。また、その様子。〔民主主義では、社会秩序を乱さぬ限り、その人の主体的意志・判断に基づく言動の認められる権利を指す。例、「言論の―が保障される／―をはき違える」〕）とある。

ポイントは、〔他から制限や束縛を受けず〕自らに由る事と〔社会秩序を乱さぬ限り」という点だ。

「他から制限や束縛を受けず」は、元来中世ヨーロッパで国家権力からの自由を求めたものから由来する。自由都市や自由同盟だ。ここには先に規制があって、その規制から逃れることに自由の意味があった。

次の「社会秩序を乱さぬ限り」は、よく自由と責任といわれるが、やりたい放題やることが自由ではないことは自明の理だ。ここは、社会環境の中で、「自らに由る事」に重点を置くべきだ。

さらに、経済学的に使われる「自由市場」「自由競争」の自由にいたっては、その前提として、公正・情報公開・倫理等が前提にあって論じられるべきものである。

だから、野放図(のほうず)にやりたい放題やるのが自由ではなくて、制約の中で、自らの意志で行動し、行動できることに自由の意味を見つけることだ。そうでないから近年の日本社会で企業モラルが問われ、産業廃棄物等のごみ屋の汚い企業行動が唾棄(だき)されながら非難されるのである。

心臓の話

君の心臓は今も動いているでしょう？　当たり前じゃあないか。そうなんですけど、ホント不思議だと思う。生きている人すべて、動いている。休みなしで。数分も休みなしで、胎児として母体内で鼓動を始めてから、ある人は七十、八十、九十何年死ぬまで動き続ける。すごいこととは思いませんか。当然かなあ？　私は不思議で驚きでいっぱいです。本人は休んで眠っているときも心臓は動いている。すごいと思ってしまうのだけど。

逆に十代だろうと二十、三十、四十代だろうと心臓が鼓動をやめれば死を迎える。当たり前のことなのだけれど、何かすごいと思えてしまう。年のせいだけではないと思うが、生命の不思議というか、自然の摂理、神の領域を感じてしまう。心臓だけでなく、体全体を考えれば、こんな精巧なものを機械で作れるだろうか。人間が人間を作ることは二〇〇%できないと思う。

クローン技術で、クローン動物、人間を作るって。絶対やめたほうが良い。人間は神の領域には入ってはいけないし、絶対に入れないと確信するものだから。

［生命の尊厳］はどこでも、どこまでも譲れない価値観だ。

知恵は過ぎると狡猾になる

このテーマは、わが日本の古典、古代日本を映し出す、あの『古事記』（七世紀後半）にすでに、見出すことができる。

「知恵」は人間にとって、とても重要だし、必要なものだ。が、「狡さ」までいくと、いただけない。儒教的倫理観だからというばかりでなく、それ以前に「狡猾」には、自分だけ得を得ようとする、さりげない狡さがあり、生理的にだめなのだ。

知恵と狡猾は紙一重である。十分気をつけねばならない。

小学生時代、私はコマっしゃくれた、素が利く餓鬼だった。ものがわかったように、目上に虚勢を張り、生意気な物言いをした。今でもそうかもしれない。しかし、所詮小学生は中学生に凌駕され、中学生は高校生、高校生は大学生、大学生は社会人に見透かされるものだ。二十代が三十代、四十代が五十代も同じこと。もちろん例外はあるが、押しなべて、経験豊富な年長者にはかなわない。どんな場合でも「敬老」するのは当たり前。「俺が、俺が」と自分が一番、威張ってみても、数年して自分の至らなさを知り、冷や汗をかくのが関の山だ。鈍感といおうか、逆に幸せな人は、自分が一番と死ぬまで思っていようが。長い人生で、普通は悔恨の念を持

つものだ。（悔恨＝過ちを後悔し、あんなことをしなければよかったのにと自省すること）

だから「俺は頭がいい」と鼻高々にならないほうがいい。常に謙虚に、きっとどこかに自分より優れた人がいて、自分はまだまだ修業の身と思って生きていたほうがいい。謙虚さを忘れたら人は必ず堕落する。

福沢諭吉は「人の上には人を作らず」と言った。そのとおり。人が生きていくうえで、自尊の心を持って生きていくのは当然だし、理不尽な階層、階級社会は真っ平だ。機会均等、基本的人権における平等は当たり前。が、個人レベルの能力・知力の優劣は現にある。「上には上がある」。それと個々人の尊厳とは別の話。

悟れない、悟ることができない自分を、少しでも悟りに近づいた人が見ているると自覚したほうがいい。悟った人は、人には絶対にいない、神仏だけだ。A氏、I氏、O氏なぞ悟ってもいないし神仏でもなんでもない、ただの迷える凡夫。しかし、身近にも悟りに近づいた人は大勢いるから尊敬しよう。

君達はとても頭が良いと思う。頭の回転は速いし、分析にも長(た)けている。そういう頭の良さに自惚(うぬぼ)れないでほしい。鼻高々にならず、謙虚に、謙虚にいてほしい。そしてその頭の良さを「良い方向」に使ってほしい。決して悪い方向に使わないでください。お願いします。

自分の好きなものの発見…仕事…幸せとは

自分が本当に好きなものは何か。それを発見することは実に難しい。これかなと思っていたら、違っていて、あれだと思っても、また違ったりする。できるだけ早く発見することが人生有意義に過ごす秘訣だ。

仕事もそれに直結していれば、これに越したことはない。しかし仕事は食っていくためにせざるを得ないものだから、そうもいかない。自分の好きなことと仕事が百パーセント直結して、食ってもいけるなら、それは素晴らしい。

「器用貧乏」というけれど、あれやこれやいろんなことが好きで、何でもそれなりにできて、何を一番自分が好きで、合っているかよく迷う。逆に一つのことしかできなくて、それもそれが好きで、やっている人のほうが大成する。

集中力というか、一途というやつで、成功する。集中と分散、緊張と緩和、いずれもバランスは大事だが、集中と緊張はより重要ということ。一途に邁進、精神を集中してことに当たれば、入り口のドアは開かれるものだ。真一文字、シャガンタイを付けて走るのも一時期は必要だ。何かになりきるのは美しいし。

「好きこそものの上手なれ」。同じことをやるのでも、いやいややるのと興味があって自分の好きなことをやるのでは、時間も効果も結果もまったく違ってしまう。仕事でも何でも好きなことをやるのが一番ではないか。無論、人生すべて好きなことばかりできはしないが、これは事実。できることなら、好きなことばかりして、一生過ごせばいいじゃあないか。人に迷惑かけずに。

人は常に幸せを求めている。幸せってなんだろう？　難しく言って、自己確立してその自己を実現することとか。簡単に言えば、自己満足をいかにするかではないか。結論から言えば、本当の幸せは自分も含めて周りの人も幸せにすることだが。自己満足するには満足する自己がなくてはならない。その自己が揺らいだり無かったりするから、すぐ空しくなってしまうのではないか。そして重要なことはその「自己満足」に常に「リスペクト」が伴っていなければならないことだ。そこに他者の幸せを侵してはならない、重要な要素がある。自己満足というと他者・周りはどうでもいいようだが、本当の幸せはそうはいかない。周りも幸せで、初めて自分も幸せとなる。

　挫折を味わい、世の中が少しずつわかってくると、最小限の幸せで満足できるようになる。「足（た）るを知る」という言葉があるが、昔は少しも感じなかったが、四十過ぎたころ家で暑いお風呂に入ったとき、「ああ、いい気持ち」と幸福感を感じたことがある。これは何だと思ったが、その感覚を大事にしたい。

日本近隣の独裁者や中東の独裁者が、自己満足のために性奴隷の女性を組織したり、民衆を虐待したりして権力を維持しようとしている。どこにリスペクトがあるの？　大言壮語したって、自分の幼児虐待体験からくる自分の性格異常を、民衆に押し付けているだけではないか。自分の悲惨な幼児虐待体験は、自ら克服すればいいものを、国民に押し付けるのではふざけるんじゃない、いい加減にしろって言うの。周りが塗炭の苦しみをなめているのに、何が大統領・将軍様だ。みんなも早く目を覚ましたほうがいい。彼らを擁護する人の気が知れない。

いずれにしろ、みんな自己満足のために、ボランティアをし、名誉・金銭を欲し、宗教にすがり、自己主張するだろう。だが、一方にリスペクトを持っていないとどうしても立ち行かないのだ。

飲む・打つ・買う

遊びの三大要素だという。飲むはお酒。体質的にお酒を飲めない人はいる。アルコールに対して肝臓が機能しないのだからしょうがない。酒は修業といって、飲んでいるうちに強くなることはある。が、体質的にだめならしょうがない。

酒は、要するに脳を麻痺(まひ)させるのだろう。遅効性があって飲んですぐに効くでもない。効くのに若干の時間的ずれがある。三十分か一時間ぐらいか。その麻痺が程度の範疇（はんちゅう）なら、日常の憂さを晴らし、自我を解放して、気持ちよくなる。程度が過ぎれば、アルコールが分解できず、気持ちは悪くなるし、自我は解放どころか崩壊の危機に瀕する。酒を百薬の長にするか毒にするか「百害あって一利なし」は、その人にとっての程度だね。自分の適量を心得ていればそれはよし。とはいっても、遅効性も忘れ、もっともっとと飲んでしまうのだ、酒飲みは。

酒は楽しく飲むべし。よくいるんだ、何々上戸（じょうご）。ぐずり上戸、威張り上戸、説教上戸、怒り上戸。泣き上戸は可愛い方だ。いくら麻痺して、自我の解放だといって、人に迷惑は勘弁して。一緒に飲んでいて楽しい酒が一番。やっぱり、リスペクト。気を使ったら、自我の解放にならず、逆に疲れてしまう？　営業の付き合い酒など、確かにそうで、負担な酒だ。が、気心の知れた酒でも、楽しい酒を心がけるのは、そのほうが周りも気持ちがいいし、ひいては自分が一番楽しくなれるからだ。いくら自我の解放だからといって、周りに嫌な思いをさせて、嫌なやつだと思われ、後で塩を撒かれることを覚えておいたほうがいい。金を払う客だからと威張り散らして帰ったその後、店のものに卑下されて、それでもいいと思っているのだろう、そういう人は。ああ嫌だ、嫌だ。帰った後、「また来てくれないかしら」くらい思われる客になっていなきゃ飲んだ意味がない。究極、できる、できないは別にして、「粋」に飲むのが極上。粋は我慢、堪忍だから、過ぎると疲れるけどね。ほどほどに。

女性の接待があるお店を含めて、店側の立場に一時立ってみるといい。客がどんなに常連で何度も行ったとしても、その接待の回数は百倍も経験が違う。店側にしてみれば、どんな客かは先刻お見通しということだ。つまらぬ見栄（みえ）を張っても詮無（せんな）いこと。せめて、楽しく、いい客と思われていたほうがいいのじゃないか。酒は楽しく飲むべし。

打つはギャンブル、博打（ばくち）。さいころから競輪、競馬、パチンコ、麻雀エトセトラ。博打が好きな人は怠け者か？　濡れ手で粟、を望むから？　否、来るか来ないかわからないそのとき、来たときの興奮を求めるから？　いずれにしても、博打も過ぎると身を持ち崩し、それでいながら快感も伴う。嫌いな人は幸せかも。

さいころの丁半が原点という人がいる。それにいろいろルールや、ややっこしい過程プロセスをくっつけてさまざまな博打になったと。その過程を楽しむ人もいる。

博打の原点は、いかさまだという人もいる。落語の中に「チョボイチ」（さいころ一つを使って、その目を当てる。当たると五倍になって返ってくる）で初めに目を見せて張らせておいて、改めて振り直す、笑いがあったが、やっぱりその目が出たらどうするのだろう。麻雀はやる前の面子集めで決まっているとか。パチンコはどう考えてもパチンコ屋のオーナーのためだから、割に合わないからやめたほうがいい。

いずれにしろ、ギャンブル、博打は遊び程度に。人生が博打だというけど、本当かなあ？

買うとは、男にとっての女性のこと。昔、遊郭があったころ、買う遊びとは、遊郭で売春として女を買うところから。即売春でなくとも、昔は玄人、素人がはっきりしていたから。

今はその境界線はどうなっているのかな。博打と同じで、即売春もあれば、それまでの過程を楽しむのもあるだろう。

今はほとんどいなくなった芸者は玄人（くろうと）。一口に芸者といってもいろいろ。即売春は、枕芸者、温泉芸者といわれた。その対抗で、すぐ寝ずに基本的には芸で接待技術を含めて身を立てていた芸者を平場（ひらば）の芸者といった。都心の名だたる花柳界はほとんど平場の芸者。そこでは、芸者を抱える

「置屋」と芸者を接待させる「お出先」＝料理屋、待合（料理は料理屋、料亭と違って自分のところでは作らず、仕出しでまかなうお茶屋）、料亭があった。これで二業、二業組合。これに置屋を束ねる「見番」が加わると三業、三業組合といった。

平場の芸者の場合、お客は常連になり「お出先」や「置屋」の女将さんや主人に話をつけて、より一層親密に付き合うようになる。金の介在は、基本的には「お出先」や「置屋」の女将さん、主人が仲を取り持つ。過程が複雑のようだが、過程を楽しむ人にはなんともない。また、問題が生じたときの保険の役目も果たしていたのだ。客も安心して遊べた。

「水揚げ」といって新規の芸者の初めての客を取らす算段を「お出先」や

「置屋」の女将さんがした。客にとって「水揚げ」は当時、名誉でもあった。店側も、客であれば誰彼でもよくはなく、この人と思われる客を選んで「旦那」とした。客にもいろいろで、一見さん（初めての客）から普通の客、よく呼んでくれる「ご贔屓」、身の回り・金銭の面倒を見てくれる「旦那」、年がいっていれば「大旦那」。客ではなく、金はなくとも心の支え、その芸者が本当に好きな人を「間夫」といった。間夫は芸者の仕事時間中は来ないで、仕事が終わってから会うので「間夫は退け時」と言われた。みんな「まぶ」になりたがるわけだ。

　女遊びと一口に言うけれど、遊びのうちはまだいいのである。いつか気がついたら、本気になっていたなんてのが、ややっこしい。「初手は浮気で漕ぎ出す船も風が変われば命がけ」という都都逸の文句がある。旦那が間夫も引き受けて、「身請け」（置屋などに拘束されている前借金を払って勤めをやめさせること）して、本妻として迎える例も大変希少価値としてあった。

歌舞伎の「助六」で、「煙管の雨が降るようだ」と啖呵を切る場面があるが、因業で人気のない旦那に対して、気風が良い主人公には、遊女たちが親愛の情を示すための「吸い付けタバコ＝煙管」が我も我もと差し出されるよ、との表現だ。

江戸時代のそのまた昔から、遊びの世界はあったのだ。表面的に変わった部分と本質的には同じ部分があると思う。男と女の機微の部分で。

破鍋に綴蓋

よくもあんな醜男（ぶおとこ）に美女がついているなんてことがある。しかし、よくよく知ってみるとさもありなんと納得するものである。男女の組み合わせというのは、「破鍋（われなべ）に綴蓋（とじぶた）」のような気がする。長年付き合っていると似てくるし、影響しあって、お互いが上にも下にも二人で行くようである。

罵（のの）り合っている二人も、結局お互い様のところがあったり、育ちが違う、見た目が違うカップルがあっても意外と二人で助け合ったりしていると思う。

相手を非難している人がよくいるが、実のところどっちもどっちなのである。

似たもの夫婦というように、蛤の貝合わせのようなものだろう。本当に合わなければ、結局別れるし、早く別れた方がよい。

持ちつ持たれつ、を忘れぬように。

愛玩動物と人

小さいときから、犬が飼われていた。私が二、三歳ごろマルチーズの雑種犬の子犬が家に来た。名前は「ベル」と名付けられ、成犬になるまで室内犬として育てられた。ベルの不幸は、三、四年して新たに室内犬のコッカスパニエルが来たことだった。新(あたらし)物好きか、家族の関心は一心にコッカスパニエルに移った。ベルはそれ以来野外犬となる。

マルチーズの雑種犬だから、普通のマルチーズよりは大きかったが、野外犬としては小さめだった。近所の野良犬と互角に渡り合う。最初のころ、傷を負って帰ってきたが、しばらくすると近所の野良犬を引き連れて近辺を堂々と歩いていた。縄張りを確保し、トップになったようだ。綱はつけられず、だからといって野良犬になったわけではなく、必ず家には戻っていた。十何年たったころ、急にベルの姿がなくなり、みんなはとうとうどこかへ放浪の旅へ立ち、野良犬になったかと思った。ベルのこともみんな忘れたころ、風向きによって悪臭が漂うことがあった。

それも過ぎ、数年たったころ、家の改築があり、風呂場を改築したとき、床下から、毛でわかるベルの白骨死体が出てきた。みんなはあのときの悪臭はこれだったかと言い合った。が、私にはベルの気持ちを思うと切なくなった。

幼年犬のベルを抱く、同じく幼児の自分との写真が一枚ある。成年犬になるかならぬかのとき、彼は人の勝手な都合で人生が変わる。彼が何を想ったかはわからぬが、死に場所は家の風呂場の下だった。よかったと思いながら、人の勝手はどうなのかと思う。

ベル以降も家族で常に何代も犬が買われたから、自分のそばには犬はいた。十数年前、家業の傾きで、家族が入院し、一人、家で過ごした折も、ペコという小型犬と一緒だった。当時経済状況は最悪。夜寝るとき、ペコとよく話をしたものだ。このペコはベルの再来ではないかとつくづく思った。彼もその数年後、こちらの経済状況が一段落したころ、逝った。

犬や動物を飼うのはいい。家族に動物がいることはとても良いことだと思う。が、犬は人間ではないし、人間も犬ではない。そこにあるのはいつも人間の勝手だけがある。簡単に責任とは言わないが、飼う側に相当の自覚・覚悟がいるだろう。そうでないと犬も人間も不幸だ。「ペット」という言葉があるが、人間はペットではないし、擬人化はできてもペットは人間ではない。その混同が怖いのだ。動物を飼うのは難しいことと思う。混同怖さで、今は犬を飼うのが怖い。

何々のようで、実は何々

やさしいようで実は厳しい。厳しいようで実はやさしい。幸せなようで実は不幸。不幸なようで実は幸せ。

乳母日傘（おんばひがさ）で何不自由なく育ってみたが、社会の荒波で大人になって苦労続きもある。親に捨てられ、寂しい孤独な幼年期を過ごした人が、晩年幸せな家庭を持つこともある。人生の変化の中で得られる、持ち得る何かは一つではない。

無教養で、品がなく、粗暴な人が、実はやさしい心根(こころね)を持っているときがある。やさしくて、人当たりがよくて、気立てのいい人が、実は金もなければ実力もない場合がある。「あの人、人はいいんだけどねぇ」とか言われたりして。

吝嗇家(りんしょくか)で、堅物でとっつきにくい人が、実は相手を温かく見ていてくれたりする。人や世間は一面だけではないということ。

また違った観点から、ものの見方、考え方で事態は変わるということ。口で不幸だ、不満だと嘆いている人が、実はもっと悲惨な状況にいる人より恵まれていて、悲惨な人の方が明るく生きていることもある。金回りはいいし、遊び歩いていて大丈夫な人が、帰る家が冷え冷えとして、実は孤独な環境やもしれぬ。ものは考えよう。よくも悪くも。両方とも事実だろう。しかし、真実はどこにあるかをとらえておこう。

人の話を聞くこと

人と話をするとき、相手の目を見ろとよく言われる。これがまず苦手な人がいる。目を見るのは日本的感覚から言っても、不躾(ぶしつけ)ではないか。相手がやくざなら、「がんをつけた」と因縁をつけられるかもしれない。しかし、相手の話を真剣に聞くとか、一体になりたいときは、目を離すわけにはいかない。

女性を口説くときは特に重要だ。相手の目をきっちり見て、君が何を思っているか、目を見つめながら、僕はこんなにも君が好きだよ、と言うと効果があるらしい。もちろん、最初は恥ずかしいとか、嫌がられそうだが、それでも見つめていると、何かしら、何だろうから始まって、興味から関心に変わってくる。振られてもともとで、一度試してみるといい。横っ面張られても責任は持たないが。

目を見詰め合うということは、親密度に影響する。見詰め合える仲ならば、もう大丈夫ということか。

それほどでなくても、人の話を聞くときは、相手の目を見て聞いていたほうがいい。相手は真剣にこっちの話を聞いてくれていると思うだろう。さらにメモでも取れば、ばっちりだ。

反対に、こちらが話をしているのに目を見るどころか、そっぽを向いて、ほかのことでもされた日にゃ、むっとするでしょう。また、目をそらすとは、自信がないか、うそでもついているときが多い。アイコンタクトといわれるように、見た目だけでなく、心の中を垣間見る、見えるところにポイントがある。好きな女性の心の中を見たいと思うでしょう。目は心の窓。自信のない人はよく瞳が動く。

そして人の話を聞くことだ。だが、これがつらい。一つの、自分にとって都合のいいことは聞けても、自分にとって不都合なことは聞きたくないからだ。でも、自分にとって嫌なことでも聞きましょう。人生は自分の価値観だけではないから。それは嫌だけど、自分と違う価値観もあるのだと思うしかない。批判も甘んじて受ける。つらさは自分で引き受ける。なぜならば、自分の価値観でしか自分は生きられないから。

だから、話は最後まで聞く。いい話でも悪い話でも。この最後まで聞くというのも、また難しい。嫌な話は途中で切りたいよね。でもこの嫌な話が、今はそうでも、いつか違った感覚や新しい見方を与えてくれると思って、我慢してみよう。きっと時が解決してくれる。試してみて、これは保障する。

人の話は、これはこの人が言っているのじゃなくて、神仏が形を変えて、その人の姿を借りて私に言っているのだと思えたら、完璧。それは年に何回？　いつもかもしれない。

娘と父親

息子にとって父親はどんな存在だろう。百組の親子には百組のそれぞれの関係があろう。その一つに永遠のライバルがある。もちろん、年の差があって話にならないが、幼少のころ訳もわからず、理不尽に緒戦の母親争奪戦敗北がスタートだったたか。それから手打ちをして、父子関係から男同士と見られるようになるまで、息子にとっては、追いつき追い越せの目標でもある永遠のライバルだ。

息子側から見て、目標でもある永遠のライバルの父は、実は永遠に追い越せないのだ。大工の職人の父がいて、その息子がノーベル賞を取ったとしよう。確かに人は「鳶が鷹を生んだ」といって、褒めそやすだろう。「父の背中を見て育ちました」と言うだろう。そこで、息子が「父を超えた」と言ったら、その息子は馬鹿息子。周りが超えたと評価したそのうえで、父の半分も来ていませんと言えて初めて超えたのだ。多くの息子は偉大な父親を超えられずに終わる。しかし、息子は永遠に追い続ければいい、自分流の生き方で。

父親側から見て、息子はいつまでたっても、息子と思う。でも本当は自分を超えてもらいたいのだ。いつまでも俺を超えるなという親父がいたら、そいつは駄目親父。俺の中でしか生きられないと親父が思っていたら、息子の行き場所がなくなる。いつまでたっても息子は息子と言いながら、ノーベル賞をとった息子に微笑んで、心からよかったと思う父が本当の親父だ。親父はいつでも息子を誇りにしたいのだ。男同士になって、お互いに認め合い、親は親として、子は子として認め合う関係が究極の親子関係。

色即是空(しきそくぜくう)、空即是色(くうそくぜしき)。

一方、娘と父親の関係はどうだろう。父親にとって、「目に入れても痛くない」幼少期の可愛さは格別だ。そう思えない父親は父親になる資格がない。なってはいけないのになってしまったら、すぐに、病院でもカウンセリングでも受けて、自分の異常を自分で努力して治すべきだ。その母親を愛していなかろうと、自分に性格異常があろうと、それはその父親の責任。どんなに苦労しようと自分が解決すべきだ。いずれにしろそれほど可愛い娘だから、ずっと慕っていてほしい。ずっと手元に置くのもいいけれど、涙は出るけど、悔しいけれど、もったいないけど、好きな男と幸せになればいいと思う。

　娘にとっても理想の男は父親だ。そうじゃないという娘は逆に不幸なのだ。頭壊れた母親の思想教育か、本当にひどい父親だからそう思う。たとえ、チャチくて、卑賤（ひせん）な仕事の父親だって、母親が嘘でも「こうして食べて生きていけるのも、お父さんが一生懸命働いてくれるからよ」と育てれば、娘や子どもは曲がらない。たとえ本当にひどい父親でも娘や子どもは、よくよく、親を見ていたいのだ。

娘も理想の父親または反面教師の父親の影響で、好きな男を見つけて一緒になる。なった男も次は父親になる番だ。そこで娘は、父親とその男を比べる。比べちゃだめ。反面教師の父親なら娘も素直にその男に対して「あなたを採る」と言えるだろう。理想の父親だったとしてもその男に「あなたを採る」と言わなくちゃいけないのだ。持っているファザコンを克服して「あなたを採る」と。その男の奥に親父を見ているから、そいつとうまくいかなくなる。男だってプライドがあるから。

克服すべきは、娘の持っているファザコン。父親が自分の持っている「猫可愛がり」をあきらめられたのなら。

その男も次に娘を持ったなら、親父の気持ちがわかるだろう。こんなに可愛くて、手塩にかけて、いとおしい娘をどこの馬の骨かわからぬ男がもらっていくというのだから。この男はあのときの俺かと思うだろう。「頼むから、俺と同じでないでくれ」と思うかな。連れてきた男が、できたら人生の機微をわかった男であってほしいと思うだろう。こちらもそれまでに娘を（父親を慕ってはいるが）ファザコンを克服し、人生の機微をわかった女に育てておかなければならないか。

これは娘を息子に父親を母親に替えても同じこと。みんなコンプレックスは抱えて生きるけど、順逆どっちのコンプレックスも、どっかで克服しなければならない。マザコンの男を相手にした娘もかわいそうだが、ファザコンの女を相手にした息子も悲惨だ。

「親離れ、子離れ」は大切だ。自分の体の一部と思いたい気持ちはわかるけど。その時々の愛情の注ぎ方は違ってくる。思春期を過ぎても「何々ちゃん」じゃ仕方がない。

子育てとは、男らしい、女らしい、一人の大人・社会人、一人でも生きていける自立した人間を育てることだから。

時間と存在〜哲学

哲学とは、辞典（明解国語辞典・三省堂）によれば、「宇宙や人生の根本問題を理性的な思弁により突き止めようとする学問」という。別の人は、それを時間と存在の意味を解明することだとも言う。専門的な難しいことはわからぬが、時間と存在について感じることを言い伝えたい。

生きているとき、時間と存在を感じることはできる。普通、ないと思えるが、死んでから時間と存在があるだろうか。死んだ自分にはもうないが、残した人にとっての自分の時間と存在は残した人の中にあるかもしれない。実際私の亡くなった祖母は、私の脳か心にいつもいたから。そう考えると、生きている人にとっては、死んだ人との思い出の時間やその人の存在は死んでからも心に残る。

人にとって時間とは何だろう。今これを読んでいる一時(ひととき)、五分後にはもう過去になっている。昨日は今日ではない。まだ明日は来ていない。瞬時が今で止まることなく、流れている。だから人は幸せなとき、このまま時が止まってくれたらと願うだろう。次の瞬間はわからないから。だからといって、今日このごろ、ぐらいの期間は今と認識できる。

その今を幸せに生きていけるかが問題だ。幸せの連続をみな望むだろう。

できればそれに越したことはない。しかし人生はそういかない。だから人は幸せの連続のために努力する。哲学し、宗教が生まれ、教育があり、あらゆる学問が存在するのではないか。人が不幸になる学問・科学技術は本物ではないだろう。

人間の性（さが）で、悪魔の学問・科学技術・文学その他存在はするが、反語にしろ、紆余曲折にしろ、対比にしろ、結局は幸せのための道具にすぎないのではないか。いずれにしろ、今という時が何より大事だ。今という時しか、生きていないから。刹那（せつな）主義というのではない。過去・現在・未来の連続の中で、今の重要性を強調したい。過去の経験・実績から、将来のための準備や予測のためにも、今が重要だ。今、幸せ感に包まれていたら素晴らしい。

伝統と革新というけれど、今が充実していなければ何にもならない。逆に今を充実するには過去の蓄積を重んじ、学び、将来展望～素敵な夢を持っていないと叶わない。

時も色即是空、空即是色。

自分の存在って何だろう。アイデンティティー（自己同一性・帰属意識）。自己承認。自己肯定。そして人や何かに役に立っているという自覚、自負。そんなもの何にもなくても人は存在しているけどね。どんな悪魔だろうと、存在していることは存在しているから。だからといって悪魔でいいとは思わないじゃないか。中には悪魔でいいという人もいるけど、勝手であって、そんな人に限って、いつか、死ぬときか、ああやっぱり悪魔じゃ嫌だった、なんて言うに決まっている。自分の存在は、どんな状況であろうと、肯定し、かけがえのない、たった一つの大切な存在だと思ったほうがいい。大事にして。命の、生命の尊厳なんだから。自分がそうだから、人にも他人にも、思いやり、やさしくしてやってほしい。リスペクト。

自分には存在理由なんてないんだなんて、決して思わないで。神への冒瀆(ぼうとく)。そういって自死する人は確かにいるけど、病気か、単に勉強不足。「やけのやんぱち、日焼けの茄子(なすび)」で自暴自棄になる気持ちはわかるけど、無明・無知が何かで、どこかでぱっと目が開くときがある。そのときまでじっと待てばいい。待てずに自爆しても何にもならない。

その人はどうでもいいけど、悲しみが残るだけだ。「待てば海路の日和(ひより)あり」神仏は必ず、教えてもくれ、救ってくれる。本当はもう、その人のすぐそばに「宝物」を置いてあるかもしれないのだ。気がつかないのは本人の勝手で。

自分の存在は自分一人じゃ存在していない。親を恨(うら)んで自分は一人と思う気持ちはわかるけど、そこまで大きくしてくれた何かが、誰かがいるだろう。誰かは必ずいるのだけれど、それもいないというのなら、水やお米や食べ物があっただろう。それも無いというなら、神仏がいたのだな。自暴自棄の人は神も仏もないというだろうな。その人はただ、気がつかないだけ。人間一人じゃないってことを。

時は金なりって、本当だね。時がとても大事ということもあるけれど。君が本当に無一文になっていないことを望む。しかし、借金をして利子がつくと感じる。時の流れの速さを。利子がつかなくとも無収入だと、これも時の流れの速さが気になる。食べていかなければならないから。だからお金は大事。でも拝金主義者はやめてほしい。確かにお金は大切。でもお金より大切なものがある。それを守るにもお金はいる。それでも守銭奴にはならないで。

お金は手段であって目的ではない。目的は本当の愛だったり、愛する家族を守ることだったりする。お金より大切なもの。物質的な金銭よりも精神的な大切なもの。それらを持って仕事をすれば充実感に浸れる。もしそれらがないと、どんなにお金があろうと仕事がうまくいこうと空しさだけが残ってしまう。

哲学といえば、ヘーゲル哲学が有名だ。一八三一年に亡くなったドイツ人。今の欧米文化に対する影響は大きい。ヘーゲルは世界・世界史というものは神の合理的な世界計画の実現過程と考え、そこに世界精神の形における神の啓示を示唆した。その世界・世界史の発展はいわゆる弁証法…肯定~否定~否定の否定、もしくは正~反~合…的に発展するという。そうしてこの計画の予定究極目的は人間の自由の実現という。手段にあっては人間のあらゆる欲望が好き勝手に作用して、そうでいながら知らず知らずに、神の世界計画を実現してしまうという。

結構毛だらけ、さもありなんと思う。でもなんか、発展の連鎖といい、予定目的があって、なんかキリスト教的においを感じる。キリスト教文明圏だから当たり前か。発展過程の弁証法…肯定〜否定〜否定の否定…を空論…肯定〜否定〜肯定否定の混在…としたら似ていないか。前者は発展論だから、そのまた否定と連鎖が続く。後者は現状認識論とすれば、ありのまま。欧米文明は常に進歩・進化・発展の視点だから仕方ないとしても、現代の人間と二千年前の政治的、文化的人間の行動様式が進歩しているとは決して思えないのだが。自由の実現というお題目はとても良いとしても、東洋的仏教的人間哲学のほうが、発展・進化路線より優れているように私は思う。

芸術と笑い～わかる人とわからない人

絵画や舞踊などの芸術性がわかるかは、その人の審美眼・知識・経験・見識、はたまた感性による。有名な絵画や上手な日本舞踊を観(み)ても知識・見識がなければ、「ああ、そう」で終わってしまう。中には素人でも、なにか知らないが、感性で「いいなあ」と思うときもあるが。見識や経験があったほうが深く感動できるだろう。

笑いも作品を見て聞いて、何が面白いんだろうというときがある。若い人が笑っているのに、年寄りのこっちはちっとも面白くないものもある。これは感性の違いか、逆に知識・見識が邪魔するのか。落語の落ちを聞いて、知識や見識がないと訳がわからず、笑えない場合がある。

経験と感性の違いで、人によって感じ方は違ってくる。芸術や笑いがわかればいいということではなく、上には上があることと、経験を積み、感性を磨くに越したことはない。自分の未熟さをいつも意識し、背負(しょ)って生きていていいと思う。

空論

仏教の概念の中で、仏教典「般若心経」の中に「色即是空（しきそくぜくう）、空即是色（くうそくぜしき）」に表現される「空論」がある。これが人生の指針を示す重要な概念の一つと考えられる。「空論」、それはとても難しい概念で、決して凡人には悟れないものかもしれないが、近づいてみたい。

「空論」とは何か。

色即是空、空即是色。これは、二つの句が、一体でなければ理解できないし、一句では誤解を招くという。

色とは、目に見えるもの、物質的なもの、意識的なもの、論理的なもの、などだ。空とは、無ということではなくて、目に見えないもの、精神的なもの、無意識上のもの、非論理的なものなどだ。

相反するものがなぜイコールなのか。矛盾ではないかという疑問。すでにここに、1＋1＝2でなければならないという考えが前提にある。もし1＋1≠2（1＋1は2ではない）の世界もあるとすれば、矛盾ではなくなり、1＋1＝2の世界もあり、1＋1≠2の世界もあるということになる。

それでは人間社会が進まないというかもしれないが、そうでもない。人間社会がこれもありそれもありの世界だからだ。

確かにコンピューターは、１＋１＝２の世界というけれど、今やファジーの世界もある。

人間社会で契約社会は１＋１＝２が前提だ。が、情状の部分を併せ持っている。確かに人間が生きていくうえで、混沌混乱では不都合だから社会秩序のためにも、１＋１＝２を前提としている。実はその前に１＋１≠２があるからだ。

仏典では、色もなく、空もないという。逆に色でもあり、空でもあると表現することもできる。それでは何がなんだかわからないというであろうが、これが人間世界だ。

そう言っても現実の中では、認識のうえで、色の世界が展開していく。だからこそ、理性や論理（特に欧米文明の理性や論理）が重要視される。しかし、これらで構成される現代社会が行き詰まるのは、実は背景に空論が控えているからではないだろうか。

目を宇宙に転じてみよう。超広大な宇宙の果ての果てと問われて、ないとしか言いようがない。そこは有無の無いではなく、空(むな)しい空ではない空。論理非論理を超えた世界。意識無意識を超えた世界。まさに神仏の世界の様。

今度は果てでなく、ブラックホールを考えると、質量が超重大で、高温高圧、何者の存在もなくなるという。その中心点は、何もない。同じく、ないとしか言いようがない。有無の無いではなく、空しい空ではない空。論理非論理を超えた世界。意識無意識を超えた世界。そこもまさに神仏の世界。

いたるところに空論、色即是空、空即是色の世界が展開される。

空とは有無の無いではなく、空(むな)しい空(くう)ではない空(くう)。宇宙の果て、ブラックホールの空(くう)とはいえ、しかし現に地球はあり太陽は存在する。色即是空、空即是色。

しかしながら、凡夫の世界に生きる我々の色の世界の重要性はまことに当然至極。

要は、1＋1≠2の世界があるのをわかりつつ、1＋1＝2の世界を生きる。あるいは1＋1＝2の世界を生きながら、1＋1≠2の世界を心の中に押さえておくというところか。そんなのはっきりしない、矛盾している、1＋1＝2の世界を単純明快に生きていくほうがいいというだろう。ある局面では、それもいいだろう。が、ある局面では、それでは解決しないのが人間社会だ。

それにあまり、1＋1＝2の世界を強調しすぎると肩が凝るし、深みもなく、見ていてもあまり好いものでもない。1＋1＝2を主張するけど、1＋1≠2もわかっているってほうが望ましいと思う。

いずれにしろ、1＋1＝2で生きなければならないけれど、1＋1≠2もあることを覚えておいて。反対に1＋1≠2だけで生きるとしたら、人間社会の構成上、やくざになるか刑務所暮らし、はたまた、世捨て人、本物の僧侶にでもならざるを得ない。君が望むなら、しょうがないが、あまり薦(すす)められない。

ある出来事があったとしよう。その出来事の目に見える部分、表面的な部分がまずある。

またその出来事には、目に見えない、隠された背景もあるものだ。表裏一体として、認識しなければ、出来事を正確に判断できないし、見間違う。目に見える部分、表面的なところで判断したほうが、それは楽だろうが、裏も認識しなければ、見間違う。表裏一体、空の世界。表面的な部分も事実である。裏の部分も事実である。しかし、表裏一体のとき真実となる。

歴史がよい例である。歴史的事実はいっぱいある。その出来事の事実だけでなく、その背景にあるもの目に見えない部分を理解したとき、その歴史的出来事の真実が見えてくる。

例えば、日本は昭和二十年（一九四五年）八月、太平洋戦争に負け、その戦後（数年後から）、日本の高度成長を果たしたという歴史的事実がある。国民総生産が何パーセント伸び、数値として国力が先進国並み、否、世界一までになった事実である。その背景には、明治維新以来（否、日本の有史以来）の歴史文化の存在、国民の精神を支えた大和魂や武士道、（お天道様(てんとうさま)信仰）に象徴される倫理的基盤があったからだ。（注1）

そもそも近代資本主義が明治維新以来日本に根づくのは、欧米資本主義が発展する基盤となる倫理的裏づけ、ピューリタニズムの禁欲的倫理性の補完を日本独自に持っていたからだ。それを端的に言えば、前述した大和魂や武士道、（お天道様信仰）に象徴される倫理的基盤、神仏信仰に伴う倫理的基盤である。この基盤があったからこそ、高度成長も可能にしたといえる。

さらに占領軍の日本占領計画の意図のうち、日本精神（注2）の骨抜きの一環が、経済至上主義に合致したのだ。

日本精神の悪しき集中が、軍部独裁に再びならぬよう米国が意図したものだ。本国では許さない社会主義、共産主義を日本に許したことなどその象徴である。平和憲法それ自体は大変結構なものだが、押し付けたその平和憲法が皮肉にも日本を再軍備拒否、軍事費縮小、経済至上主義に向かわせ、成功もさせた。

途中、朝鮮戦争の特需の幸運にも恵まれたが、奇跡の裏側には、日本独自の日本精神のメンタリティーが存在した。と同時に成長とともに、日本精神の骨抜きの一環が功を奏し、日本独自の日本精神のメンタリティーが徐々に欠如していった時期でもある。

これが敗戦後の日本の高度成長の真実である。

このように表面的、数字的高度成長の事実はあったとしても、その背景や目に見えない部分を理解しないと高度成長の真実が見えてこない。

（著者・注1）**資本主義の成り立ち**

マックス・ウェーバーは指摘する。資本主義の成り立ちには禁欲的倫理性が欠かせないと。

有史以来、富の偏在は多くあった。古代中国文明、ギリシャ・ローマ、エジプト、メソポタミア、インド、インカ等など世界各地に歴史的に存在した。それがなぜ、十八世紀後半、欧米、特にイギリスを中心に資本主義化したのかと。そこには、宗教革命によるピューリタン（清教徒）の存在があった。ピューリタンというと、より簡便、安易になったと思いやすいが、その逆で腐敗した旧教に対して一層、厳しい厳格な神に対する生活態度だ。その禁欲的倫理性が、生活態度として神との契約、利潤・仕事・労働は神からの恩恵、市場の価格決定においても、需要供給のバランスを神の見えざる手と表現した。

このように資本主義の背景には、禁欲的倫理性が重要なことを認識すべきだ。故に市場形成には、公正や公明正大、ズルをしない精神が問われる。昨今の米国における日本企業、日本財務省批判は、ここに由来する。また、日本が資本主義化できて、アジア、中国本土をはじめ、世界各地で資本主義化できない要因もここに見ることができる。宗教上や文化的特性で、この代替としても禁欲的倫理性を有しない地域、国は資本主義化が難しいといえる。だから中国本土は真に資本主義化は絶対にしない。なぜなら、コネや賄賂が当たり前、のメンタリティー、ズルさ・狡猾（こうかつ）の文化性では無理なのだ。

（著者・注2）日本精神

概念的にいえば有史以来、地勢的・歴史的・文化的日本独自の特性、倫理的基盤といえる。万葉以来、江戸時代の本居宣長の［やまとごころ］や明治期に強調された［大和魂］、中世武家の発生より、佐賀藩の『葉隠』で有名な［武士道］、神仏混合による日本独自の神道、仏教を基盤にした日本民衆の倫理性などが日本精神の代表的なところだろう。

近年、台湾の李登輝前総統が日本の台湾統治期を念頭に置き、戦前のよき日本精神のメンタリティーとして、嘉南水利事業と日本人・八田與一を題材に、［公］の精神を紹介した。彼はまた、国を興す精神とは、心と物質のバランス、伝統と進歩のバランス、公と個のバランス、この三つのバランスが保たれ、国民の精神の高揚が大切と言った。

また、呉善花氏は、日本の有史以来の特性に注目され、「虫の音に耳を傾け、相手を察する人間関係、この古代に根差す日本的感性こそが日本の成功をもたらした」と評する。自然の中の日本、多神教の日本を肯定されている。日本の良さの肯定である。

さらに、国語学者の岡田希雄氏は、『国語と日本精神』（昭和九年）の中で、言語学者チェンバレンの言葉「世の如何なる言語といえども、日本語より多くの敬語を有するものなし」を紹介し、彼自身「敬語を生んだのも、日本民族の民族性であり、敬語を生むような秩序ある家族生活・社会生活を形成したのも、日本民族の民族性であったのであり、其の敬語を発展させたのも日本民族精神であるのだ」と言い切っている。推譲敬愛（すいじょうけいあい）の精神が「世界無比の敬語」を生んだという。

「相手を察する」といい、「推譲敬愛の精神」といい、まさにリスペクトである。

肯定の世界

一つの物事でも、それを肯定的にとらえるか、否定的にとらえるかで、事態は百八十度違ってしまう。「ものは言いよう、豆腐は切りようで四角くなる」というけれど、ことごとく左様だ。もちろん、世の中、否定しなければならないことは山ほどある。当然だ。

亡くなった祖母がよく言ったものだ、「物事、良く好く解釈しなさい」って。それでは人が善すぎて、騙されたり、損をしたりすることがあるかもしれない。用心しなければならないが、それでも自分が人を騙すよりは、騙されたほうがよっぽどましだ。なんといっても「おてんとうさまが見ている」(注3)からを忘れないように。

なんでも駄目、駄目では、人はめげる。「やって見せ、言って聞かせて、させてみせ、褒めてやらねば、人は動かじ」ともいう。人の根底には、自己承認、自己満足がどんな人にもあるものだ。だから人は褒められれば、うれしいものだ。それが足らなくて、自分から「俺が、俺が」の人をよく見かける。傍目(はため)から見てあまりいいものじゃないが、それが世の中だ。自分はそうならないようにすればよい。

育児でも、教育でも、褒めること肯定することに意義がある。伸び方が違うのだ。

物事をよくよく見ることは、相手に対してリスペクトすることでもある。相手に可能性を見て、相手の苦悩、挫折を慮（おもんぱか）ることでもある。また、難渋（なんじゅう）の事態に対して、よくよく解釈することは、選択の余地を広げることにもなる。バリエーションを持つことになり、幅広く、懐が深くなるのだ。

肯定の世界は可能性が広がり、温かく、否定の世界は、暗く陰湿で、結局落ちてゆく。

また、自分を肯定したいために、他者のことを否定することがよくある。これは良くない。往々にしてそれは自分のほうに自信がないか、自分に不利なため、人を蹴落として、自分が優位に立とうとする意思が見え隠れする。恥ずべきことだ。相対的に自分を利するために他者を貶すのは見苦しい。肝に銘じよう。論争等で相手と対峙するときは別として、日常、また生きていくうえで、自分の相対的位置を上げるために相手を誹謗中傷するのは、まことによくない。自分が毅然としていれば、相手がどうであろうと何の関係もないのだ。相手が上であろうと下であろうと。

何事につけても「違う」と言ってしまうことがある。話し合いをしているときなぞ、意見が違ってもいないのに「違うんだよ」と前置きをつけてしゃべるときがある。この心理的背景には、人を否定しておいて、自分を肯定したい、優位に立ちたい心理が働いているのかもしれない。癖になっているときもある。そこでまず、「そう」と認めてから、自分の意見を言ってごらん。随分違ってくると思われる。

「自己承認」は、意識、無意識を問わず、人は欲しているのだ。自己否定が続くと人は生きていけない。どちらも度が過ぎてはいけない。が、「自己承認」をベースに生きないと生きていけない。少なくとも自分は基本的に自分自身を承認し続けて生きていけばいい。間違っていたら、社会的制裁は受けるだろう。それを甘んじて受け、嫌だったら、自己否定して、やり直し、また自己承認できるようになればいいだけだ。基本は自己承認。

後に述べるリスペクトの精神は、「情けは人の為ならず」ではないが、自分に返ってくる。精神的にも、事象的にも。

肯定的に人生に対することは、視野を広げ、可能性を広げ、好転するきっかけを生む。心地よく、楽しく過ごす所作の一つだ。覚えておいて、特に行き詰ったときに。

（著者・注3）昔、日本では小さな子どもを躾(しつけ)るときや注意をするとき、「おてんとうさまが見ているよ」と言った。これは誰も見ていないから悪いことをするとか、誰かにわからないようにずるいことをしようとすることへの警告の言葉としてよく使われた。おてんとうさまはお天道様、太陽のこと。人が誰もいなくとも、太陽が見ているということだ。ここで、じゃあ、曇りや夜、太陽が見えないときはいいのかと皮肉らないでもらいたい。晴れていれば夜は代わりにお月様といえるが、曇りや雨、雪はどうするの。確かに、どんよりとした曇りの夕方、じとじとした雨の日、深々と降る雪の夜は、雪女や妖怪、悪魔が出やすそうだ。光り輝く太陽の下のほうが、清々（すがすが）しいか。春の訪れと暗い冬に向かう秋の夕暮れ。文学上や叙情的には甲乙つけがたいが、自然信仰、太陽信仰の象徴としての太陽と理解したい。太陽といえば、大日如来（だいにちにょらい）。仏教、特に真言密教のご本尊。日本民衆の古くからの神仏の化身（けしん）としての太陽。この意味を含めて、小さい子どもらに「おてんとうさまが見ているよ」と戒（いまし）めた。

神の存在

人間の英知、能力を超えた存在。人の全知全能を傾けてもなおその上を行く存在。それをあるとき、人は神といい、仏という。だから、人が神仏に遭遇するときは、往々にして人が人間の限界まで行っているときが多い。人として努力し尽くしたときの遭遇だ。人として、ギリギリのとき。

無神論者は自分自身の無理解と人間としての限界を悟らない、悟り得ない悲しい存在だ。人類の歴史の中で自然信仰であれ、一神教であれ、人と神仏との交流は当然のことであり、無神論は人間の多様性の中の異端、不自然の窮（きわ）みである。

人間の有史以来、何万年という時の流れの中で、無神論はたかだか百年もあったかどうかの、阿婆擦（あばず）れ、みたいな存在だ。

人類の歴史で自然信仰、自然崇拝からの多神教と紀元ごろからのユダヤ教、キリスト教、イスラム教に代表される一神教がある。進化論的に一神教の優位性が言われるが、日本文明、ローマ文明を考えるとき、一概にそうは言えない。むしろ私は多神教に軍配を上げたい。一神教であれ、多神教であれ、無神論よりまともである。

無神論の怖いところは、「生命の尊厳」を忘却することだ。高じると、殺人・ひとごろし、自殺・自らを死に導くことである。無神論の一例はマルクス主義共産主義だが、こんなものは、たかだか人類の多様性の中のあだ花、一万年の中のたかだか百数十年の妄想幻想でしかない。すでに歴史が証明しているし、七十年前（『昭和のはじめのこと』・小泉信三著、『共産主義批判の常識』講談社文庫・気賀健三先生解説＝二一五頁）に、日本でも小泉信三先生が論破している。

所詮、人の青春期の迷走の中で、あるものは暴走族へ、あるものは反社会的（例えば、やくざ）に、反体制（例えば、革命家）に行く時期の一妄想であり、人間社会をとらえた真理でもなんでもない。単なる幻想だ。通常、人はこの時期を乗り越えて、人間社会の中で、苦渋、苦悩をかみしめて、人として生きていくものだ。いい年をして暴走族をやっているものはいない。中にはいるが、それが、やくざと自称革命分子だ。それだけにはならないでもらいたい。

社会主義・共産主義は、料理にたとえれば香辛料みたいなものだ。主食には絶対になれない。唐辛子や胡椒ばかりで人が生きていけないのと同じだ。なくても主食さえあれば生きていける。多少あったほうが、料理がうまくなるようなもの。よくよくわかったほうがいい。

要するに、神と共に生きるということ。

アイデンティティーとリスペクト

人が生きるに当たって、自分とは何か、という問いに自分自身が答えをそれなりに持っていることが欠かせない。日本人で、両親が誰で、自分のルーツが何で、自分の育った環境が何で自分の今がこうなのか、など自分を理解することが重要になってくる。この辺が揺らぐと不安や情緒不安定にもなる。大人になることの一つは、この自己確立である。

だから、日本に生まれ、日本人として自覚したとき、日本の文化、歴史を理解し、日本を愛し、自信を持たなければならない。

人は帰属意識を持っていないと、不安定になる。ルーツ探しに行きたくなる。また反対にルーツを拒否する場合もあるだろう。しかし、一人の人間として、どんなに拒否しようと、父母がいて、そのまた父母がいて一万年、一億年前からの祖先からのＤＮＡの連鎖の結果、一人の人が存在している。実の父母を知らない、また拒否したい人もいるだろう、いろいろな事情で。このことについては後に述べる。

いずれにしろ、卑賤（ひせん）であろうと高貴であろうと、人はみな祖先を持っている。そこで、日本人としての自覚を持てばいいのだ。では、両親がAという国とBという国のハーフならどうするのか。ありのままを知って、受け入れ、認め、自分がA国人だと思えばそれでよし、B国人と思えばそれもよし。どちらでもない自分は居場所がない、と否定的にとらえることこそ有害なのだ。ありのままを認め、AとBのルーツを持つ、かけがえのない自分を認め、それで良し、と肯定すればいいのだ。否定の立場、自己否定するから混乱するのだ。

実の父母でない人に育てられた人もそうだろう。自分自身の心に問うて、心の交流を吟味し、どちらの父母を自分にとって本当の意味の父母と思ってもよいのだ。人それぞれのアイデンティティー（自己同一性・帰属意識）があってよい。自分自身の肯定。そして日本人としての肯定。

自分自身を肯定するには、自分自身が自分に対して、隠し事や虚偽があってはならない。自分でありのままを受け入れることだ。それが悲惨だろうと残酷であろうと、自分のことなのだからいいじゃあないか。他人、世間は関係ない。それをひとまず受け入れる。そして、その現状が自分にとって不都合なものなら、自分が変えていく。過去の事象は変わらない。が、ものの見方、考え方は、自分で変えられる。そして、現在、未来は自分で作れ、作っていかなければならない。

これがわかったとき、人は大人になったという。自分の置かれた状況を悔い、悩み、苦悩し続け、その場にいる限り何も変わらないのだ（ただし、悔い、悩み、苦悩し続けた、その後、涙を流し続け、涙が涸れた後、心に変化が訪れ、変わることはある）。

他動的に与えられた状況なら、それを受け止め、今から、将来に向かって、今度は自分で、自分とその状況を変えればよいのだ。その自分に気がついたとき、人は大人になる。自己責任、自己選択ができて初めて大人。年齢ではない。十五、六で、立派に自己確立している人もいれば、七十過ぎて死ぬまでも人のせい、他者責任、周りのせいで生きている人は大人とは言えない。だから早く自己責任、自己選択、自分で自分を変えられる人、過ちを改めるに憚(はばか)ることなかれ、遅いという時期はない、をわかってほしい。

父母があっての自分。実父母だろうと、養父母だろうと関係ない、今の自分を作った状況を受け入れ、そういうかけがえのない自分を受け入れ、自分自身で承認することだ。そして、悠久の歴史から、日本人と自覚することだ。

これは、A国人、B国人でも同じこと。自分と日本（自国）を誇りに思うこと。知れば知るほど誇れるようになる。もちろん、歴史に誇れないものもある。が、まずは自分と日本（自国）に自尊心を持つことだ。それから初めて、今から将来に誇れないことはしないことだ。これらを福沢諭吉は「独立自尊」といった。

自尊心をプライドともいう。それがある人、ない人いるだろう。ないと言っている、その人もどこかに持っているものだ。ないと不安定で寂しくて仕方がないはずだ。また、表現の仕方として、前面に出す人と抑えている人はいる。もちろん、抑制の利いた自尊心とプライドが良いに決まっている。番度、表に出すぎたそれこそ、鼻持ちならない。奥の奥に秘めたそれ（プライド）こそ、光って見える。空論。

総括として、人は、アイデンティティー、自尊心、プライドを持っていないと、アノミー、無秩序、混沌混乱、不安定になるということだ。人が大人になるということはそれらをきちんと持つことと言える。

そのうえで、重要なことは、リスペクト（尊重・尊敬・認め合い・敬愛）を併せ持つことだ。こうなってこそ、健全な精神の持ち主となり得る。

人は一人では生きられない。人間は社会的動物なのだ。人間関係を含めて、自己と他者との関係で人間社会ができている。その中を生きるのに、このアイデンティティーとリスペクトの二つを併せ持って生きることがとても重要なのだ。

自分の過去でも否定する部分と肯定に値する部分があるはずである。

あとがき

彼の言いたかった基本は、終盤四項目にあると思う。「空論」といって、表現しようとしたことは、今の現代日本社会を取り巻いている価値観が、あまりに、欧米文明・文化の影響下で論理的にも倫理的にも一面過ぎやしないかという疑問が根底にあると思う。人間や人間社会がもっと複雑で、多面的ではないか。また、もっと日本独自の伝統的価値観、仏教的価値観があってもいいのではないかという提言にも思える。人間や人間社会は「色即是空、空即是色」そしてその全体という、何がなんだかわからない人生観、世界観が、実はこの混迷の社会を救うヒントになりはしないかと考えていたように思う。（75頁参照＝空諦（観）「移ろい行くもの」、仮諦（観）「仮の姿の現実」、中諦（観）「ありのまま」ひいては絶対肯定の世界）

　ちなみに、彼が毎日唱えていた呪文は「ギャテェー、ギャテェー、パラギャテェー、パラサンギャテェー、ボーディー、スーバァーハー」である。これは天竺に当時の中国から艱難辛苦の末、経典を持ち帰った、孫悟空で知られる三蔵法師が唱えていたサンスクリットの経文だそうだ。人生はそんな単純じゃないと言っていた。

「肯定」を強調するのは、彼が幼少の時期、「否定」の世界に生きていたことが関連するかもしれない。自己や世間を否定する社会環境が、逆に肯定の世界に目覚めたのかもしれない。

「神の存在」は神仏と表現してもよいと思う。特定の宗教を信仰していたわけではない彼が、こう主張するのは、彼が自分の非力、人間の限界を強く感じたからだろう。不安を持つ彼自身が、どうしようもなく、それしかなくて神仏を信仰したように思う。ほかにないのだ。神仏が有るとか無いとかではなく、ただ、在る世界。

アイデンティティー（自己同一性・帰属意識）とリスペクト（尊重・尊敬・認め合い・敬愛）これが彼の主張のポイントである。実父母に育てられることがなく、いわゆるハーフの子どもを持った彼が強く意識するテーマだ。自己発見のたびの途中で逝った彼だが、十分に彼は自己を持っていた。「俺が、俺が」の主張ばかりでなく、常に相手の身に立ち、理解しようと努め、たとえわかり合えなくともわかり合おうと努力するリスペクト。男女・夫婦・親子・上司部下・同僚・友人、人間関係全般において最重要とした「認め合い」。上下関係であろうと、そこには上は上として下を認め、下は下の立場から上を認める関係、どんな関係でも必要を説いた。彼はそこに「愛」を見出している。これが逆に、相手を認めず、否定し合う関係に嫌悪を感じていた。そういう関係は絶対うまくいかないと。

平成十五年　初秋

晴　吉次朗

著者プロフィール
晴 吉次朗（はる きちじろう）
1953年　千葉県生まれ
1975年　慶応義塾大学経済学部卒業
　　　　各種企業設立、経営
1991年　千葉県商工会議所青年部連合会初代会長
　　　　社会福祉法人作草部保育園理事

エコ・ワールド内　晴吉次朗事務所
043－214－7075（平日９：00～16：00）

子らへの遺言　ある初老の言い残しておきたかったこと

2003年９月15日　初版第１刷発行

著　者　晴 吉次朗
発行者　瓜谷 綱延
発行所　株式会社文芸社
〒160-0022　東京都新宿区新宿１－10－１
電話　03-5369-3060（編集）
03-5369-2299（販売）

印刷所　神谷印刷株式会社

ISBN4-8355-6239-9 C0095